JACQUES CARTIER

La exploración del río San Lorenzo

Por Joffrey Liénart
En colaboración con Thomas Jacquemin
Traducido por Marina Martín Serra

Historia en50MINUTOS.es

JACQUES CARTIER 1

BIOGRAFÍA 5

infancia en los mares
El proyecto de toda una vida
En marcha hacia Canadá

CONTEXTO 9

Razones para explorar el mundo
¿Cómo navegar?
¿Cómo explotar las tierras descubiertas?

LAS EXPEDICIONES 13

Los primeros descubrimientos de 1534
La exploración del río San Lorenzo de 1535-1536
Los orígenes de la primera colonia francesa de 1541-1542

REPERCUSIONES 23

Viajes en vano
Un nuevo intento de colonización
Los intereses ingleses amenazados

EN RESUMEN 26

PARA IR MÁS ALLÁ 30

JACQUES CARTIER

- **¿Nacimiento?** En 1491 en Saint-Malo (Francia).
- **¿Muerte?** En 1557 en la misma ciudad.
- **¿Objetivos de la expedición?**
  - Descubrir una vía marítima que conduzca a Asia.
  - Explorar los territorios septentrionales del Nuevo Mundo.
  - Fundar una colonia francesa.
- **¿Regiones del mundo exploradas?**
  - La bahía y las ribas del río San Lorenzo.
- **¿Principal descubrimiento?** El río San Lorenzo.

Después de Cristóbal Colón (navegante genovés, 1450/1451-1506) y el descubrimiento accidental de una parte del continente americano, otros exploradores tienen la ambición de encontrar una nueva ruta hacia Asia y, por lo tanto, de explotar nuevas tierras y sus riquezas. Además de estos aspectos económicos, los viajes —que se hacen en nombre de los reyes europeos— son una oportunidad para conquistar nuevos territorios y, de este modo, para aumentar el poder de los monarcas en el resto del mundo.

Para calmar la rivalidad creciente entre Portugal y España, el papa Alejandro VI (1431-1503) emite una bula (documento oficial que promulga un acto jurídico) titulada *Inter Caetera*, que tiene como objetivo ratificar la división del mundo conocido en dos: los españoles ahora son dueños de las tierras situadas al oeste de las Azores y del Cabo Verde —es decir, el Nuevo Mundo, con la excepción de Brasil— y los portugueses, por su parte, consiguen el control del Este, en el cual se incluyen las tierras africanas que ya cuentan con algunas de sus factorías comerciales.

Excluidas de todas estas negociaciones, Inglaterra y Francia no ven con buenos ojos esta nueva división del mundo. Estos Estados sienten la urgente necesidad de imponerse en la escena política ordenando expediciones. Así, en 1496, Inglaterra coloca a Juan Caboto (navegante italiano, c. 1450-1500) a la cabeza de una expedición hacia el norte del continente americano, marcando el comienzo de una aventura que, casi cuarenta años más tarde, conducirá directamente a las exploraciones de Jacques Cartier.

Aprovechando el contexto favorable para este tipo de empresas, Jacques Cartier, marinero de profesión y notable de Saint-Malo, propone la exploración de las tierras de América del Norte al rey de Francia, Francisco I (1494-1547), y este acepta la propuesta.

Retrato del rey Francisco I.

¿Sabías que...?

A continuación, presentamos algunas fechas importantes de la exploración de América del Norte:

- en 1497, el navío de Juan Caboto, el Matthew, echa

el ancla en la costa de Terranova;

- tres años después, entre 1500 y 1501, Portugal envía a Gaspar Corte Real (explorador portugués, 1450-1501) para hacer valer sus derechos sobre esas tierras;
- en 1524, por cuenta de Francia, Giovanni da Verrazzano (navegante y explorador italiano, 1485-1528) efectúa una expedición a lo largo de la costa de Florida y de Terranova. Este periplo lo conduce a descubrir, entre otros lugares, la bahía de Nueva York.

BIOGRAFÍA

Retrato de Jacques Cartier.

INFANCIA EN LOS MARES

Jacques Cartier debe su extraordinario destino principalmente a una serie de circunstancias favorables. Nacido en 1491 en Saint-Malo, apodada «la ciudad corsaria», el joven Cartier rápidamente da sus primeros pasos en el mar. Algunos de sus biógrafos afirman que ya desde muy temprano habría navegado hacia Terranova e, incluso, hacia las tierras brasileñas. Así pues, parece ser un marinero experimentado y reconocido. Probablemente por esta razón, en 1520 consigue la mano de Catherine des Granches (1499-1575), hija de Jacques des Granches, caballero del rey y condestable de Saint-Malo. El ascenso social del personaje parece estar en su punto álgido.

EL PROYECTO DE TODA UNA VIDA

En 1533, el papa Clemente VII (1478-1534) intercede a favor del rey de Francia, Francisco I, y vuelve a los términos de la bula *Inter Caetera* indicando que el documento solo se aplica a los territorios conocidos en el momento de su escritura. Gracias a estos ajustes, Francia ahora puede aventurarse oficialmente en los territorios septentrionales de América, lo que permite que el rey pueda poner en marcha el proyecto que ha desarrollado con Jacques Cartier.

Algunos años atrás, Cartier conoce al rey gracias a su pariente cercano Jean le Veneur (fallecido en 1543), abad socio comanditario del Monte Saint-Michel y gran capellán de Francia. Este encuentro real sellará el destino del marinero Jacques ya que, el 20 de abril de 1534, dos barcos y 61 marineros salen del puerto de Saint-Malo bajo su mando.

EN MARCHA HACIA CANADÁ

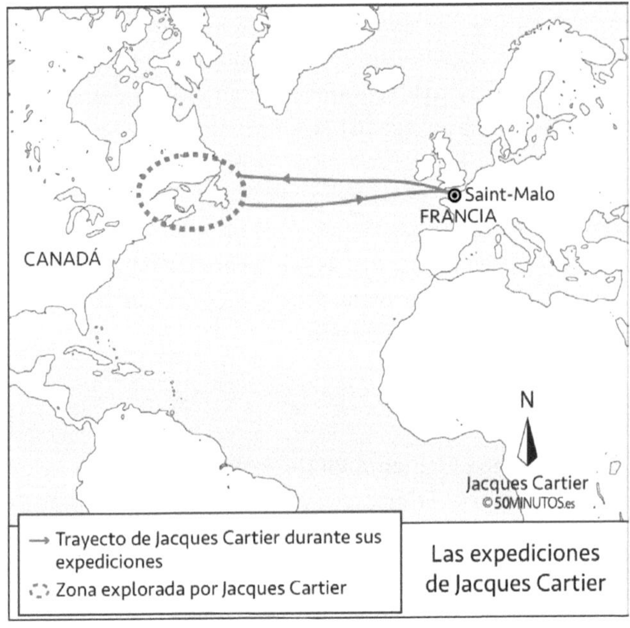

El propósito de su viaje es encontrar una nueva ruta marítima que conduzca a Asia. Pero, sobre todo, esta primera exploración es la oportunidad de ir más allá del estrecho de Belle Isle, en el norte de Terranova, y de cartografiar los alrededores del golfo de San Lorenzo. Al año siguiente, vuelve a dejar su tierra para llevar a cabo una segunda expedición con la que se adentra más profundamente en el continente. Esta vez, el capitán Jacques Cartier y su flota —formada por tres embarcaciones y 110 hombres— remontan varios cientos de kilómetros el río San Lorenzo hasta Hochelaga (poblado iroqués que estaba situado en el territorio de la actual Montreal). Se realiza una última expedición entre 1542 y 1543 para establecer una colonia en los territorios recién descubiertos. Entonces, se funda una primera ciudad llamada Charlesburgo Royal —cerca de la actual Quebec—. Este será el último viaje de Jacques Cartier a Canadá.

Cuando regresa al Viejo Continente, intenta traer de vuelta piedras preciosas y oro para impresionar al rey. Desafortunadamente para él, las primeras resultan ser cuarzo y, lo segundo, pirita. Este infortunio ha pasado a la posteridad con el proverbio francés «faux comme un diamant du Canada», es decir, «tan falso como los diamantes de Canadá», que demuestra el descrédito que sufrió el explorador ante sus contemporáneos. Finalmente, Jacques Cartier regresa definitivamente a Saint-Malo, donde es considerado un notable.

Fallece en 1557, con 66 años, sin dejar descendencia legítima, a pesar de que se le considera padre de una nueva nación.

CONTEXTO

RAZONES PARA EXPLORAR EL MUNDO

A partir de los años 1540, el crecimiento demográfico impulsa a los países europeos a extenderse. Esta evolución rápida e inesperada, que se produce tras las grandes epidemias de peste de los siglos XIV y XV, multiplica por dos las jóvenes poblaciones de los reinos y conduce a una recuperación económica. Para que la sociedad pueda seguir evolucionando, surge la necesidad de disponer de más metales preciosos. Hasta el siglo XVI, el oro procede esencialmente de África y, más concretamente, de Guinea, donde algunas caravanas saharianas lo transportan hacia Europa. Pero estos viajes terrestres tienen un coste extremadamente elevado y, muy pronto, aparece la idea de transportar el preciado metal por vía marítima, permitiendo así también el acceso a las especias orientales, muy solicitadas.

¿SABÍAS QUE...?

Según el historiador francés Lucien Febvre (1878-1956), las caravanas saharianas de los siglos XV y XVI eran más rentables que las mejores flotas mercantes europeas. En efecto, unas 1500 toneladas de mercancías transitaban a lomos de 15 000 camellos, mientras que los navíos de la época no podían transportar más de 400-500 toneladas.

Al mismo tiempo, la religión también desempeña un papel clave en la empresa colonial del siglo XVI. En relación con este tema, cabe recordar el fin de la Reconquista española en 1492 en las tierras moriscas (cuya ideología es similar a la de las cruzadas contra los infieles) que se percibe como una señal de Dios. En este clima de supremacía de la cristiandad por encima de las otras formas de creencia, la evangelización de los indígenas del Nuevo Mundo es una de las misiones de los colonizadores hispánicos, enviados por el propio papa que, además, autoriza el uso de la fuerza para hacer entrar en razón a los indígenas si estos rechazan la religión cristiana —y, con ella, la autoridad de la Corona de España—.

Por último, los nobles, en búsqueda perpetua de gloria y honores, escuchan desde la infancia las hazañas guerreras de las antiguas cruzadas, difundidas por una imprenta propagandista en pleno auge. Así pues, someter a países desconocidos y lejanos parece ser un objetivo perfecto para esta élite de la sociedad.

¿CÓMO NAVEGAR?

Esta coyuntura no estaría completa sin recordar los avances científicos y técnicos experimentados por Occidente en el siglo XVI. La imprenta sigue siendo uno de los principales motores de los grandes descubrimientos a través de la difusión de los relatos de viajes y del estímulo intelectual que resulta de ellos. La cartografía también experimenta un desarrollo inesperado. Los trabajos de Claudio Ptolomeo (erudito griego, *c.* 100-170), que siguen imperando en el siglo XV, formulan la hipótesis de la existencia de una tierra desconocida al sur del planeta, algo suficiente para despertar la curiosidad de los eruditos humanistas de la época.

Hasta finales del siglo XV, los marineros recurren a la navegación a estima, es decir, a la técnica que consiste en estudiar la posición adoptada por un barco en el agua según la dirección y la velocidad del viento. Por lo tanto, poder apoyarse en mapas precisos constituye realmente una revolución en su forma de situarse en el espacio.

Los barcos también experimentan algunos cambios necesarios para realizar largas expediciones. Los navíos medievales, en efecto, son bastante pesados y difíciles de manejar, por lo que los viajes largos con ellos resultan imposibles. La aparición de las carabelas (*c.* 1430) y de los galeones (*c.* 1565) conduce directamente a los grandes descubrimientos. Más tarde, las naves de Matthew Baker (ingeniero naval inglés, 1530-1613) reconocen durante mucho tiempo la utilidad de la tecnología naval británica infligiendo graves daños a las flotas menos eficientes de los españoles y de los franceses.

¿CÓMO EXPLOTAR LAS TIERRAS DESCUBIERTAS?

Puesto que las metrópolis no disponen de estructuras administrativas eficientes —algo que, sin embargo, resulta necesario para la gestión de estos territorios lejanos—, rápidamente surge la necesidad urgente de encontrar una solución satisfactoria para valorizarlos y poblarlos. Así, se implementan las compañías de monopolio que conceden una especie de contrato comercial de una región determinada a un grupo de personas, a cambio del pago anual de una contribución financiera al monarca.

Allí, las tierras se explotan sobre todo para el cultivo de algunos productos (azúcar, algodón, etc.) que, desde el siglo XVI, requiere una mano de obra renovable —encontrada en los esclavos africanos—, mientras que el poder local se confía a los colonos europeos. No obstante, puesto que estos últimos no son lo suficientemente numerosos y que la trata de esclavos cada vez es más importante, en los sistemas de explotación del hombre por el hombre se integran también algunos grupos indígenas.

LAS EXPEDICIONES

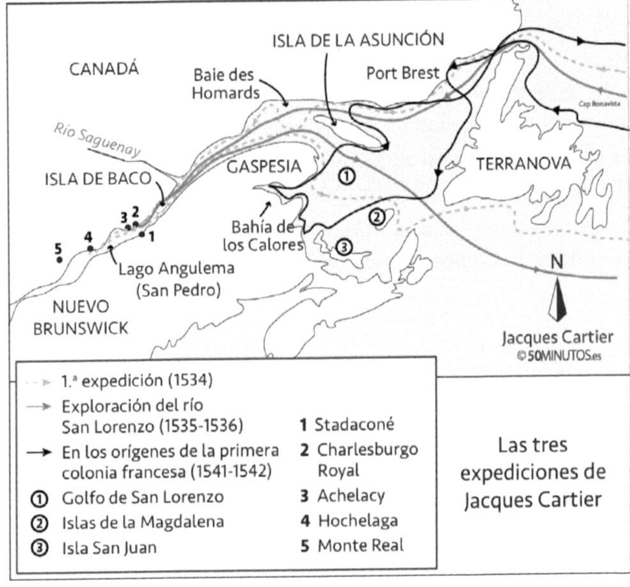

Las tres expediciones de Jacques Cartier

LOS PRIMEROS DESCUBRIMIENTOS DE 1534

El proyecto de «descubrir algunas islas y países donde se dice que se debe encontrar una gran cantidad de oro» (Bennassar *et al.* 2005, 213) fascina al rey Francisco I, que acepta financiar la exploración de Jacques Cartier al precio de 6000 libras de Tours.

En 1534, los trabajos de Giovanni da Verrazzano influyen a Jacques Cartier. Apoyándose en el mapa del Nuevo Mundo recientemente actualizado por el navegante italiano, el capitán de Saint-Malo está convencido de que el continente americano se prolonga y se estrecha en el norte hasta el punto de convertirse en un istmo de solamente unos pocos kilómetros de ancho. ¿Así pues, se podría rodear para alcanzar Asia a través de las aguas del océano Ártico que Cartier cree que es navegable en verano? Si sus estimaciones fueran exactas, no solamente podría descubrir nuevos territorios, sino que también haría nacer la esperanza de la existencia de una nueva ruta más corta hacia Catay (antiguo nombre del Norte de China) y hacia sus especias.

Sin embargo, en Saint-Malo, los marineros pescadores no ven con buenos ojos estas expediciones inciertas, que muchos consideran sin retorno. Así pues, a Jacques Cartier le cuesta reunir a los efectivos necesarios para el viaje. Además, necesitará que el rey intervenga haciendo cerrar el puerto para que, bajo la presión económica, muchos marineros se vean forzados a sumarse al proyecto. Finalmente, el 20 de abril de 1534 parten desde Francia 61 hombres repartidos en dos naves.

Tras cruzar el océano Atlántico durante alrededor de veinte días, las dos embarcaciones llegan al cabo Buenavista (provincia de Terranova y Labrador). A continuación, la flota navega a lo largo de las costas de Terranova y llega hasta Port Brest (actualmente la bahía de Buena Esperanza), último baluarte del conocimiento europeo. Aquí es donde empieza verdaderamente la aventura. El capitán Cartier y sus hombres lo saben y, por consiguiente, abastecen los barcos con víveres antes de celebrar una misa que quizá sea la última.

El 11 de mayo, por primera vez en la historia, los europeos penetran en el futuro golfo de San Lorenzo. Tras haber echado el ancla en un puerto de la costa norte, Jacques Cartier pisa estas tierras desconocidas e inhóspitas. Allí erige una cruz que marca la presencia francesa e indica un lugar donde anclar. Después de este breve interludio, el navegante ordena cambiar de rumbo para estudiar las costas occidentales de Terranova.

Una vez completada la misión de reconocimiento, se aventura más profundamente en el golfo hasta que llega a las dos islas de la Magdalena, lugares con una naturaleza exuberante. Al darse cuenta de las fuertes mareas que se producen allí, el navegante formula la hipótesis de que habría un paso marítimo en el sur de Terranova que permitiría llegar al Atlántico, una constatación que le será útil para su próximo viaje.

La expedición continúa hacia el oeste y descubre el extremo norte de la isla San Juan (actual Isla del Príncipe Eduardo). Durante un tiempo, navega a lo largo de las costas orientales de la actual provincia de Nuevo Brunswick. A continuación, entra en la bahía de los Calores, cuya punta de Miscou —que cierra la bahía al sur— los marineros bautizarán como cabo de Esperanza, porque pensaban que sería la entrada de un nuevo estrecho que conduciría a Asia. En esta ocasión, se organiza una segunda misa, probablemente con el fin de ponerse bajo la protección divina. Por desgracia, la bahía —aunque es acogedora y cálida— no cumplirá con las expectativas de Jacques Cartier. Sin embargo, se lleva a cabo una exploración terrestre y se comercia con los indígenas.

La flota francesa, que sale de la bahía, navega durante un tiempo a lo largo de la costa de Gaspé (península en el centro-este de Quebec). Pero las condiciones meteorológicas desfavorables la empujan a entrar en la bahía de Gaspé hasta llegar a Honguedo (actual Gaspé). Esta estancia improvisada permite a los franceses encontrarse con una tribu hurona-iroquesa que les señala la existencia de un territorio continental hacia el oeste. Esta revelación lleva a Jacques Cartier a tomar como guías a dos hijos del jefe de la tribu.

El 25 de julio, la flota abandona Gaspesia y rodea una gran parte de la isla de la Asunción (actual Anticosti, Seychelles) hasta un estrecho entre esta isla y la península de Labrador, al que le dará su nombre. Al llegar a la desembocadura del río San Lorenzo, el capitán sabe por experiencia que la travesía del Atlántico en otoño es sinónimo de dificultades, por lo que prefiere ir a Saint-Malo, donde llega el día 5 de septiembre.

LA EXPLORACIÓN DEL RÍO SAN LORENZO DE 1535-1536

Menos de dos meses después de que Jacques Cartier regrese a su tierra natal, Francisco I lo anima a volver a viajar más allá de Terranova para terminar su exploración. Esta vez, 3 barcos parten de Saint-Malo el 19 de mayo de 1535, con suministros para 15 meses y con 110 marineros a bordo.

Hasta Port Brest, el itinerario es casi idéntico al de la primera expedición. Desde ahí, la flota sigue la costa norte hacia el oeste y acaba llegando al estrecho donde se había detenido un año antes. Entre la tripulación se encuentran los dos indígenas que le confirman al navegante la existencia de un río que conduce a Canadá. Como hace habitualmente, Cartier se toma el tiempo de explorar del sur al norte la Baie des Homards y de identificar los ríos que desembocan en el lugar que, para él, son accesos potenciales hacia Asia. A lo largo del viaje, la tripulación se sorprende por la rica fauna del San Lorenzo, que está lleno de ballenas, de focas y de belugas. Más adelante, los marineros quedan boquiabiertos con los extraños árboles enraizados en las rocas del río Saguenay y con las tortugas gigantes de la isla de los Avellanos.

Cuando alcanzan la isla de Baco (actual isla de Orleans) el 11 de noviembre, Jacques Cartier va al encuentro del jefe de la tribu hurona-iroquesa, Donacona (fallecido en 1539), al que había conocido en Honguedo, para traer de vuelta a sus dos hijos, Taignoagni y Domagaya. Aunque el encuentro transcurre en un clima amable, surgen tensiones cuando Jacques Cartier expresa su voluntad de llevar sus investigaciones más allá de Stadaconé (poblado iroqués) hacia Hochelaga, tierra de una tribu enemiga, ya que los dos hijos de Donacona no quieren perder el monopolio de las relaciones comerciales con los europeos. Entonces, para calmar los ánimos, Jacques Cartier decide dejar dos de los tres barcos en el poblado, mientras que él se adentra más hacia el oeste en el San Lorenzo.

Tras llegar a Achelacy (ahora Portneuf), Cartier descubre un país con un gran potencial agrícola, como lo demuestra su rica fauna y flora. A partir del lago Angulema (actual lago

San Pedro), navegar con el galeón se vuelve imposible y la epopeya continúa en barco. No obstante, el 2 de octubre, la tripulación se ve obligada a ir hacia la orilla por culpa de los rápidos.

Allí, muchos indígenas se unen a Cartier y lo acompañan hasta Hochelaga, lugar donde se encuentran el rey de los canadienses y entre ocho y nueve tribus repartidas a lo largo del río. Recibido como un dios y probablemente considerado como tal, Jacques Cartier se ve obligado a colocar sus manos sobre el cuerpo impedido del jefe canadiense para curarlo; la ceremonia se cerrará con una lectura de los Evangelios.

Para observar los territorios que rodean Hochelaga, el navegante sube la colina que adoptará el nombre de Monte Real.

Monte Real en la actualidad.

En el horizonte se perfilan hermosas tierras cultivables que confirman sus constataciones iniciales. Además, sus guías locales le hacen saber que en las tierras del noroeste se pueden extraer metales dorados y plateados.

Así pues, Cartier deja Hochelaga con la cabeza llena de proyectos. Cuando regresa a Stadaconé, se da cuenta de que la convivencia entre los europeos y la tribu de Donacona se ha deteriorado un poco. De hecho, los indígenas reclaman cada vez más y más bienes a los europeos a cambio de comida. A pesar de las tensiones, su estancia en la tribu le permite familiarizarse con la vida de los amerindios, que le enseñan al mismo tiempo la compleja geografía de las tierras canadienses, incluyendo la ruta de acceso a las tierras del oro.

El invierno de 1535 es muy difícil para los 110 franceses. Estos últimos, de hecho, no se habían preparado para soportar temperaturas tan bajas. Además, muchos mueren de escorbuto. A la luz de estos dos hechos, es fácil entender por qué uno de los tres galeones nunca puede volver a Francia. Finalmente, después de obligar a varios indígenas —entre los que se encuentra Donacona— a que los acompañen a Francia, dos naves bajan por el río San Lorenzo, cruzan la bahía en la que desemboca el río y pasan por el estrecho descubierto dos años antes, entre la isla del Cabo Bretón y Terranova. El 6 de julio de 1536, después de dos meses de navegación, llegan a Saint-Malo.

LOS ORÍGENES DE LA PRIMERA COLONIA FRANCESA DE 1541-1542

El tercer y último viaje de Jacques Cartier a América del Norte empieza el 23 de mayo de 1541. Esta vez, sus objetivos son distintos: tendrá que establecer una colonia y explotar los recursos minerales de los que habían hablado los indígenas 5 años atrás. Para la ocasión, Francisco I le otorga el título de gobernador y teniente general a uno de sus cortesanos, Jean-François de Laroque de Roberval (colonizador francés, 1500-1560), que se convierte en la autoridad superior de Jacques Cartier. No obstante, el cortesano se muestra reticente a dejar Francia y, finalmente, no participará en la expedición. Por consiguiente, Cartier recibe la orden de partir inmediatamente y de sustituir al gobernador hasta su llegada.

Así pues, a la cabeza de cinco barcos y 400 marineros, Jacques Cartier conduce a los futuros colonos: hombres y mujeres, hidalgos y plebeyos, libres y prisioneros. Los barcos también llevan comida para dos años, así como animales y semillas.

Después de tres meses de travesía, el navegante y sus compatriotas llegan a Stadaconé, donde son bien recibidos mientras que todavía no se les ha entregado ninguno de los rehenes. Sin embargo, probablemente para marcar una distancia entre los indígenas y los franceses, el capitán decide pararse en la desembocadura del río del Cabo Rojo, a 14 kilómetros por encima del poblado. El espacio, los subsuelos y las tierras sin cultivar prometedores acaban por persuadir a Jacques Cartier de implantar allí la colonia, que adopta el nombre de Charlesburgo Royal por el tercer hijo del rey.

Junto a las primeras labranzas, se construyen dos fuertes: uno en la extremidad del cabo y otro en las alturas. Después de haber sentado las bases de su proyecto urbanístico, Jacques Cartier se adentra en Saguenay para descubrir las tierras que deberían ser ricas en oro. Sin embargo, debido a la falta de alimentos y a las indicaciones poco precisas que les proporciona el guía, la expedición se ve obligada a dar la vuelta. De regreso en la colonia, Cartier constata un deterioro en los intercambios comerciales con Stadaconé después de un misterioso incidente. Ante la amenaza amerindia, el duro invierno canadiense por delante y la ausencia de Roberval y sus tropas, Cartier y sus hombres dejan Charlesburgo Royal en junio de 1542. El intento de colonización francesa es un fracaso.

En el camino de vuelta, Cartier acaba encontrándose en Terranova con Roberval, que le ordena dar marcha atrás. Pero el explorador prefiere desobedecer sus órdenes y mantiene su rumbo hacia Francia. Al llegar al Cabo Rojo un mes después que Cartier, Roberval intenta reconstruir una nueva colonia a la que llama France-Roy, que acabará siendo abandonada en 1543. Finalmente, este último viaje se salda con un resultado amargo: no se ha descubierto ninguna nueva ruta hacia Asia, no se han podido implantar colonias francesas al otro lado del Atlántico y Cartier no ha conseguido ni una onza de oro.

En 2006, algunas excavaciones en el Cabo Rojo aportan nuevos datos sobre los lugares de Charlesburgo Royal y de France-Roy. Los investigadores descubrieron algunas piezas arqueológicas como cerámica italiana, cristalería y vidrieras, que podrían haber pertenecido a la vivienda de los dirigentes del fuerte y, por consiguiente, a Jacques Cartier o a Jean-François de Roberval.

REPERCUSIONES

VIAJES EN VANO

El hecho de que los franceses se impliquen en la aventura de los grandes descubrimientos, como las otras monarquías europeas, se debe en parte a que codician las riquezas del Nuevo Mundo. No obstante, los viajes de Jacques Cartier no alcanzan este objetivo. Con todo, a partir de 1542, en Francia y en Europa corren rumores sobre el hecho de que el explorador podría traer de sus viajes varias barricas de oro y de plata, así como rubíes y diamantes; sin embargo, estas riquezas no resultan ser más que pirita, hierro o cobre. Por consiguiente, a ojos del rey y de la población, el valor de esta tierra es nulo. Aun así, a pesar de que Jacques Cartier muere en 1557 en medio de la indiferencia general, la reputación de los territorios norteamericanos sobrevive.

La población francesa no ha podido vislumbrar el potencial real y la importancia de los descubrimientos realizados por el explorador. En efecto, este último desvela un continente de una magnitud considerable, bañado por una red fluvial compleja que conduce al *hinterland* americano y a la que, en parte, debemos la topografía y la toponimia de la región, que más tarde recuperarán los cartógrafos, pero que hoy en día casi han desaparecido a causa de la cesión de las colonias francesas a Inglaterra en 1763.

UN NUEVO INTENTO DE COLONIZACIÓN

La implantación de los franceses en el nuevo continente se reanuda en 1555 mediante la instalación, en una isla cercana a Río de Janeiro, de protestantes que llegan al lugar para refugiarse y practicar su religión. Esta tentativa fracasa, igual que pasa en Florida, donde se intentan instalar los supervivientes de Río, sin éxito. Habrá que esperar al reinado de Enrique IV (rey de Francia y de Navarra, 1553-1610) para que finalmente una compañía pueda implantar una colonia francesa en la parte septentrional del continente americano. Así, Pierre Dugua de Mons (colonizador francés, c. 1560-1628) y Samuel de Champlain (explorador francés, c. 1567/1570-1635) fundan en 1608 la ciudad de Quebec, que se convertirá en la capital de Nueva Francia.

En 1663, el rey de Francia, Luis XIV (1638-1715) decide convertir a Nueva Francia en una colonia cuya gestión ya no dependerá de las compañías, sino de la propia corona. Sin embargo, nunca logrará poblar realmente esta inmensa colonia que, en 1763, es la más vasta de las colonias europeas de América del Norte. El importante crecimiento demográfico de Inglaterra en el siglo XVI, que empuja a los ingleses a partir en masa hacia América, no encuentra eco en Francia, sobre todo porque se teme un despoblamiento del reino si se llega a producir un desplazamiento de población de tal índole. Así pues, los franceses siguen mostrando poco interés hacia la emigración a Nueva Francia, ya que Canadá no permite un enriquecimiento rápido y consecuente. Puesto que muy poca gente responde al llamamiento a la participación voluntaria en el proyecto de colonización, se decide deportar a los falsos salineros, que vendían sal sin pagar la gabela (impuesto sobre la sal). Para poblar esta tierra, las autoridades también mandan a las llamadas «filles du roi» o «hijas del rey» —campesinas, huérfanas y prostitutas—, para que los hombres puedan casarse de forma legítima y fundar una familia. En 1763, se estima que unos 85 000 franceses viven en Canadá.

LOS INTERESES INGLESES AMENAZADOS

Poco a poco, los ingleses, sobre los que pesa la amenaza de ser rodeados y de ver frenada su expansión, deciden acabar con esta situación emprendiendo una lucha contra los franceses para echarlos del territorio. Entre ambas fuerzas europeas estallan varias guerras, y la estructura colonial francesa empieza a hundirse en 1713, cuando acaba la guerra de Sucesión de España (1701-1714), momento en el que Francia cede a Inglaterra Terranova, Acadia y la bahía de Hudson. Algunos años más tarde, empieza la guerra de los Siete Años (1756-1763) en Canadá. El objetivo principal de los ingleses es tomar el control del Ohio para no quedar rodeados por el enemigo francés. Inglaterra obtiene la victoria en 1763 y recupera todos los territorios franceses. No obstante, la presencia francesa en la región no fue eliminada, y prueba de ello es la importante comunidad francófona que todavía hoy vive en la zona.

EN RESUMEN

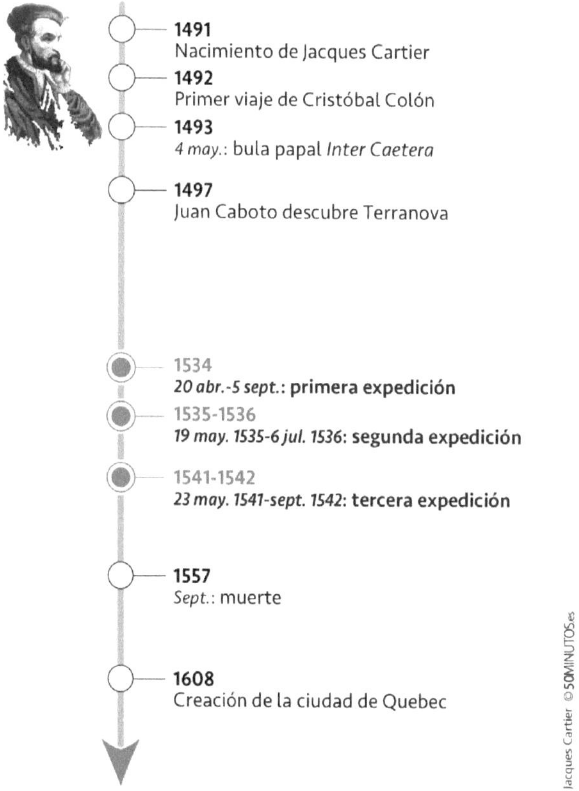

- A partir del siglo XV, en un contexto de expansión del conocimiento y de afirmación del poder, la conquista de nuevas tierras es de crucial importancia.
- En 1534 Jacques Cartier, un marinero experimentado de

Saint-Malo, recibe el encargo de Francisco I de explorar las tierras al oeste de Terranova. Allí, descubre la bahía de San Lorenzo y cartografía una parte de las costas de Terranova, de Côte-Nord, Gaspesia y algunas islas.

- En 1535 parte una segunda expedición francesa, que conduce al descubrimiento del mayor río que hasta entonces el hombre recuerde haber visto: el San Lorenzo.
- Este viaje es también una oportunidad para encontrarse con poblaciones amerindias importantes, en particular con las de los pueblos de Stadaconé y Hochelaga, que se convertirán en Quebec y Montreal, respectivamente.
- De regreso a Francia, el navegante le expone a Francisco I sus proyectos de explotación de las riquezas del reino de Saguenay (oro y diamantes). Durante cinco años, se reunirán fondos para fundar una colonia dirigida por un gobernador, Jean-François de Laroque de Roberval.
- En 1541, por orden real, Jacques Cartier inicia la expedición sin el gobernador para fundar la colonia.
- Los colonos se establecen a pocos kilómetros de Stadaconé y crean Charlesburgo Royal.
- Rápidamente, las relaciones entre los indígenas y los colonos se degradan y los intercambios comerciales cesan.
- La situación se vuelve cada vez más crítica y, puesto que el gobernador todavía no ha llegado, Jacques Cartier decide abandonar la colonia en junio de 1542.
- De regreso en Francia, le presenta al rey el pobre resultado de su búsqueda de oro y diamantes. Por desgracia para él, está completamente equivocado sobre la naturaleza de estos minerales. Decepcionado por el fracaso humillante y rotundo de todos sus proyectos, Cartier pasa el resto de su vida en las sombras en Saint-Malo, aunque más tarde

se le considerará el padre de una nueva nación.

PARA IR MÁS ALLÁ

FUENTES BIBLIOGRÁFICAS

- Encyclopædia Universalis, "Cartier (Jacques) 1491-1557". Consultado el 23 de junio de 2017. http://www.universalis.fr/encyclopedie/jacques-cartier/
- Encyclopædia Universalis, "Jacques Cartier au Canada". Consultado el 23 de junio de 2017. http://www.universalis.fr/encyclopedie/jacques-cartier-au-canada/
- Febvre, Lucien. 1970. *La terre et l'évolution humaine. Introduction géographique à l'histoire.* París: Albin Michel.
- Fiset, Richard y Gilles Samson. 2009. "Charlesbourg-Royal and France-Roy (1541-43): France's First Colonization Attempt in the Americas". *Post-Medieval Archeology*, vol. 43, n.° 1, 48-70.
- Groulx, Lionel. 1966. *La découverte du Canada. Jacques Cartier.* Montreal/París: Fides.
- Guitard, Michelle. 1984. *Jacques Cartier au Canada.* Ottawa: Bibliothèque nationale du Canada.
- Jacob, Yves. 2000. *Jacques Cartier.* Saint-Malo: Bertrand de Quénetain.
- Musée canadien de l'histoire, "Lieux de fondation|Musée virtuel de la Nouvelle France". Consultado el 23 de junio de 2017. http://www.museedelhistoire.ca/musee-virtuel-de-la-nouvelle-france/colonies-et-empires/lieux-de-fondation/
- Mochelant, Heinrich y Alfred Rame. 1867. *Relation originale du voyáge de Jacques Cartier au Canada en 1534. Documents inédits.* París: Tros.

- Phan, Bernard. 2009. *Colonisation et décolonisation. (XVIe-XXe siècle)*. París: PUF.
- Page, Melvin. 2003. *Colonialism. An International Social, Cultural, and Political Encyclopedia*. Santa Barbara: ABC-CLIO.
- The British Library, "Image of an Item from the British Library Catalogue of Illuminated Manuscripts". Consultado el 23 de junio de 2017. http://www.bl.uk/catalogues/illuminatedmanuscripts/ILLUMIN.ASP?Size=mid&IllID=23282

FUENTES COMPLEMENTARIAS

- Bennassar, Bartolomé, Jean Jacquart, Noël Blayau, François Lebrun y Michel Denis. 2005. *Historia Moderna*. Madrid: Akal.
- Bouchard, Gérard. 2000. *Genèse des nations et cultures du Nouveau Monde. Essai d'histoire comparée*. Montreal: Boréal.
- Cartier, Jacques. 1981. *Voyages au Canada. Avec les relations des voyages en Amérique de Gonneville, Verrazano et Roberval*. París: F. Maspero.
- Douville, Raymond. 1964. *La vie quotidienne en Nouvelle-France. Le Canada, de Champlain à Montcalm*. París: Hachette.
- Delâge, Denys. 1992. "L'influence des Amérindiens sur les Canadiens et les Français au temps de la Nouvelle-France". *Lekton*, vol. 2, n.º 2, 103-191.
- Glenisson, Jean y Michel Mollat du Jourdun. 1994. *La France d'Amérique. Voyages de Samuel Champlain 1604-1629*. París: Imprimerie nationale.

- Hamelin, Jean y Jean Provencher. 1983. *Brève histoire du Québec*. Montreal/Quebec: Boréal Express.
- Havard, Gilles y Cécile Vidal. 2003. *Histoire de l'Amérique française*. París: Flammarion.
- Laflèche, Guy. 2000. *Bibliographie littéraire de la Nouvelle-France*. Laval: Éditions du Singulier.
- Martin, Jean. 1988. *Lexique de la colonisation française*. París: Dalloz.
- Pluchon, Pierre. 1991. *Histoire de la colonisation française. Le premier empire colonial des origines à la Restauration*. París: Fayard.

FUENTES ICONOGRÁFICAS

- Retrato del rey Francisco I. La imagen reproducida está libre de derechos.
- Retrato de Jacques Cartier. La imagen reproducida está libre de derechos.
- Monte Real en la actualidad. La imagen reproducida está libre de derechos.

LITERATURA

- Abad Prévost. 1731. *Manon Lescaut.*
- Achard, Eugène. 1934-1954. *La Grande Épopée de Jacques Cartier.*

PELÍCULA Y DOCUMENTALES

- "Les Trois Voyages de Jacques Cartier". Dirigido por Bernard Allaire. Canal Académie, 2008. Consultado el

23 de junio de 2016. http://www.canalacademie.com/ida3104-Les-trois-voyages-de-Jacques-Cartier.html

- *Le Canada français (1534-1763). Empire Colonial Français.* Dirigido por Patrice Gélinet. France Inter, 26 de junio de 2008.
- *El nuevo mundo.* Dirigida por Terrence Malick, con Colin Farrell, Christopher Plummer y Christian Bale. Estados Unidos: New Line Cinema, 2005.
- *Épopée en Amérique: une histoire populaire du Québec.* Dirigido por Gilles Carle. Canadá: Imavision 21, 1997.

ISBN ebook: 9782808001571

ISBN papel: 9782808001588

Depósito legal: D/2017/12603/574

Cubierta: © Primento

Libro realizado por Primento, *el socio digital de los editores*